Mohamed Mediouni

Développement de stratégies de commande pour un véhicule autonome

Mohamed Mediouni

Développement de stratégies de commande pour un véhicule autonome

Ecole Nationale d'Ingénieurs de Tunis

Éditions universitaires européennes

Mentions légales / Imprint (applicable pour l'Allemagne seulement / only for Germany)
Information bibliographique publiée par la Deutsche Nationalbibliothek: La Deutsche Nationalbibliothek inscrit cette publication à la Deutsche Nationalbibliografie; des données bibliographiques détaillées sont disponibles sur internet à l'adresse http://dnb.d-nb.de.
Toutes marques et noms de produits mentionnés dans ce livre demeurent sous la protection des marques, des marques déposées et des brevets, et sont des marques ou des marques déposées de leurs détenteurs respectifs. L'utilisation des marques, noms de produits, noms communs, noms commerciaux, descriptions de produits, etc, même sans qu'ils soient mentionnés de façon particulière dans ce livre ne signifie en aucune façon que ces noms peuvent être utilisés sans restriction à l'égard de la législation pour la protection des marques et des marques déposées et pourraient donc être utilisés par quiconque.

Photo de la couverture: www.ingimage.com

Editeur: Éditions universitaires européennes est une marque déposée de
Südwestdeutscher Verlag für Hochschulschriften GmbH & Co. KG
Heinrich-Böcking-Str. 6-8, 66121 Sarrebruck, Allemagne
Téléphone +49 681 37 20 271-1, Fax +49 681 37 20 271-0
Email: info@editions-ue.com

Produit en Allemagne:
Schaltungsdienst Lange o.H.G., Berlin
Books on Demand GmbH, Norderstedt
Reha GmbH, Saarbrücken
Amazon Distribution GmbH, Leipzig
ISBN: 978-3-8381-8280-3

Imprint (only for USA, GB)
Bibliographic information published by the Deutsche Nationalbibliothek: The Deutsche Nationalbibliothek lists this publication in the Deutsche Nationalbibliografie; detailed bibliographic data are available in the Internet at http://dnb.d-nb.de.
Any brand names and product names mentioned in this book are subject to trademark, brand or patent protection and are trademarks or registered trademarks of their respective holders. The use of brand names, product names, common names, trade names, product descriptions etc. even without a particular marking in this works is in no way to be construed to mean that such names may be regarded as unrestricted in respect of trademark and brand protection legislation and could thus be used by anyone.

Cover image: www.ingimage.com

Publisher: Éditions universitaires européennes is an imprint of the publishing house
Südwestdeutscher Verlag für Hochschulschriften GmbH & Co. KG
Heinrich-Böcking-Str. 6-8, 66121 Saarbrücken, Germany
Phone +49 681 37 20 271-1, Fax +49 681 37 20 271-0
Email: info@editions-ue.com

Printed in the U.S.A.
Printed in the U.K. by (see last page)
ISBN: 978-3-8381-8280-3

UNIVERSITÉ DE TUNIS EL MANAR

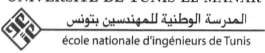

المدرسة الوطنية للمهندسين بتونس

école nationale d'ingénieurs de Tunis

MASTÈRE

Automatique et Traitement du Signal

présenté par

Mohamed MEDIOUNI

Développement de stratégies de commande
pour un véhicule autonome

---

soutenu le Lundi 20 Juin 2011 devant le jury d'examen :

MM.	MOHAMED BENREJEB	Président
	KARIM SAADAOUI	Rapporteur
	JOSEPH HAGGÈGE	Examinateur

Mastère réalisé au sein de l'Unité de Recherche LA.R.A. Automatique de l'École Nationale d'Ingénieurs de Tunis, BP 37, le Belvédère, Tunis 1002.

À mes parents en témoignage
de reconnaissance
et d'affection

Avant-propos

Le travail présenté dans ce mémoire a été effectué à l'Unité de Recherche en Automatique (LA.R.A.) de l'Ecole Nationale d'Ingénieurs de Tunis.

Je suis particulièrement sensible au grand honneur que m'a fait Monsieur le Professeur Mohamed BENREJEB, Directeur du LA.R.A, en acceptant de présider le Jury d'Examen de ce mémoire.

Je tiens à exprimer ma très vive reconnaissance envers Monsieur Joseph HAGGÈGE, Maître de Conférences à l'ENIT, pour avoir bien voulu m'accueillir au sein de son équipe, pour ses conseils et ses directives qui m'ont permis de mener à bien mes travaux de recherche dans le cadre de la préparation de ce mastère.

Je tiens aussi à remercier vivement Monsieur Karim SAADAOUI, Maître Assistant à l'ISAMM, pour avoir accepté de participer à mon Jury d'Examen.

Je tiens enfin à rendre hommage à l'esprit d'équipe qui règne à l'Unité de Recherche en Automatique, ainsi qu'à tous ceux qui ont contribué de près ou de loin à la réalisation matérielle de ce mémoire. J'adresse à chacun mes plus vifs remerciements.

Table des matières

Avant-propos iii

Table des figures vii

Liste des tableaux ix

Introduction générale x

1 État de l'art sur les robots mobiles 1

1.1 Introduction 1

1.2 Généralités sur la robotique mobile 1

    1.2.1 Systèmes de direction 2

        1.2.1.1 Robots mobiles de type unicycle 2

        1.2.1.2 Robots mobiles de type tricycle 2

        1.2.1.3 Robot de type voiture 3

1.3 Architectures de commande de robots mobiles 4

    1.3.1 Les système purement délibératifs 4

    1.3.2 Les systèmes purement réactifs 5

    1.3.3 Les systèmes hybrides 5

1.4 Navigation autonome des robots mobiles 6

    1.4.1 Planification de mouvement 6

    1.4.2 Localisation 6

    1.4.3 Suivi de trajectoire 6

    1.4.4 Evitement d'obstacles 7

    1.4.5 Parking 7

1.5 Contexe et problématique 7

1.6 Modélisation 8

    1.6.1 Modélisation cinématique 8

        1.6.1.1   Contraintes cinématiques 8

        1.6.1.2   Roulement sans glissement 9

    1.6.2   Modèle géométrique du robot 10

1.7   Représentation graphique de la voiture 12

    1.7.1   Notion de motif 12

    1.7.2   Coordonnées homogènes 12

1.8   Problème de commandabilité 14

    1.8.1   Application à l'étude de la commandabilité du véhicule 15

1.9   Commande linéaire des systèmes non linéaires 16

    1.9.1   Linéarisation autour d'un point de fonctionnement 16

    1.9.2   Application 17

1.10 Planification de trajectoires 18

    1.10.1 Planification sous contraintes cinématiques 19

    1.10.2 Choix d'une trajectoire pour un véhicule 20

1.11 Généralités sur les systèmes embarqués 20

    1.11.1 Caractéristiques d'un système embarqué 21

    1.11.2 Architectures de systèmes embarqués 21

1.12 Conclusion 22

2 Synthèse de lois de commande pour la conduite d'un véhicule autonome 23

2.1   Introduction 23

2.2   Outils choisis pour la commande 23

    2.2.1   Principe de la linéarisation exacte d'un système 24

    2.2.2   Application à la linéarisation de la voiture 25

    2.2.3   Inconvénient de la méthode 27

2.3   Synthèse de lois de commande 27

    2.3.1   Régulateur proportionnel et dérivées 28

        2.3.1.1   Résultats de simulation pour une droite 29

        2.3.1.2   Résultats de simulation pour une cycloïde 31

    2.3.2   Commande par logique floue du robot 32

        2.3.2.1   Conception d'un régulateur par logique floue 32

        2.3.2.2   Fuzzification et fonctions d'appartenance 33

        2.3.2.3   Base de règles 33

        2.3.2.4   Inférence et défuzzification de la variable de sortie 33

      2.3.3 Application à la commande du robot 34

           2.3.3.1 Fonctions d'appartenance 35

           2.3.3.2 La base de règle 37

           2.3.3.3 Simulation 37

2.4 Conception et implémentation matérielle 39

      2.4.1 Introduction 39

      2.4.2 Description matérielle du système de commande proposé 39

           2.4.2.1 Carte de commande 40

           2.4.2.2 Carte de puissance 40

           2.4.2.3 Interface à base d'un relais 41

           2.4.2.4 Choix des capteurs 42

      2.4.3 Méthode d'implémentation proposée 43

2.5 Conclusion 44

Conclusion générale   **45**

Bibliographie   **47**

Table des figures

1.1 Robot mobile de type unicycle 2
1.2 Robot mobile de type tricycle 3
1.3 Robot mobile de type voiture 3
1.4 Architecture délibérative 4
1.5 Architecture comportementale 5
1.6 Roulement sans glissment d'une roue 9
1.7 Un robot de type voiture 10
1.8 Dessin de la voiture 13
1.9 Variables de configuration de la voiture 15
1.10 Voiture se déplaçant le long d'une route 17
1.11 Exécution d'un créneau pour un véhicule non-holonome 19
1.12 Déplacement du robot selon une trajectoire en cercle 20
1.13 Structure générale d'un système embarqué 21

2.1 Inversion d'un modèle 24
2.2 Linéarisation par bouclage 25
2.3 Le robot dans le plan cartésien 26
2.4 Suivi d'une droite 29
2.5 Position du robot en x 29
2.6 Erreur de suivi en x 30
2.7 Postion du robot en y 30
2.8 Erreur de suivi en y 30
2.9 Vitesse du robot 30
2.10 Angle de direction 30
2.11 Angle de braquage 30
2.12 Suivi d'une cycloïde 31
2.13 Position du robot en x 31

2.14 Position du robot en y 31

2.15 Synoptique d'un système de commande par logique floue 32

2.16 Organigramme de la commande floue 34

2.17 le robot dans le plan cartésien 35

2.18 Fonction d'appartenance de l'erreur de position 36

2.19 Fonction d'appartenance de l'erreur angulaire 36

2.20 Variable de sortie : vitesse de translation du robot 36

2.21 Variable de sortie : angle de braquage des roues 36

2.22 Trajectoire du robot 38

2.23 Vitesse de translation du robot 38

2.24 Angle de braquage du robot 38

2.25 Trajectoire du robot 38

2.26 Vitesse de translation du robot 38

2.27 Angle de braquage du robot 38

2.28 Architecture du véhicule 40

2.29 Commande d'un relais 42

2.30 Algorithme de commande du véhicule 43

2.31 Relation entre capteurs et microcontrôleur 43

2.32 Principe de fonctionnement du robot 44

Liste des tableaux

2.1   Règles floues 37

2.2   La différence entre les deux technologies 41

Introduction générale

La conception de robots mobiles, capables d'évoluer avec un minimum d'interventions extérieures, a été le but de nombreux recherches menées depuis le début des années 80.

L'un des buts de la robotique réside en la création de robots autonomes. Les robots sont des systèmes mécaniques équipés de capteurs, d'actionneurs et d'un système de contrôle permettant d'agir sur les actionneurs en fonction d'une part, de la tâche à accomplir, et d'autre part, des informations données par les capteurs.

Nous considérons l'autonomie comme une spécification externe de haut niveau de la tâche à réaliser que le robot est capable de mener à bien sans intervention humaine.

Le développement d'un robot autonome est lié à plusieurs problèmes fondamentaux dans des domaines variés et bien distincts. A titre d'exemple, le problème de perception de l'environnement par le robot est lié à la théorie du contrôle car la trajectoire est une tâche élémentaire pour un robot se voulant autonome.

Dans ce mémoire, on se propose d'étudier la navigation d'un robot mobile non-holonome, intersèquement non linéaire de type voiture capable de procurer une autonomie suffisante afin de lui permette de déplacer dans un espace libre et non contraint.

Ce mémoire est organisé en deux chapitre :

- Chapitre 1 : nous exposons les principales architectures de commande pour les robots mobiles rencontrées dans la littérature qui sont diversées en trois grandes familles : l'approche délibérative, l'approche réactive et l'approche hybride, ainsi qu'une brève description des types de locomotion de ces robots le plus connues. Par la suite nous présentons une modélisation graphique et cinématique en tenant compte des contraintes de la non-holonomie.

- Chapitre 2 : le deuxième chapitre est composé de trois parties :

La première partie de ce chapitre présente les outils utilisés pour la commande des systèmes non linéaires dans lequel nous présentons la méthode de linéarisation exacte.

La deuxième partie constitue une brève présentation du concept de logique floue qui est exploité pour la synthèse de la commande.

La troisième partie traite de la conception du système de commande embarqué sur le robot de type véhicule. Les résultats obtenus pour le suivi de trajectoires par le robot sont illustrés par des simulations montrant l'efficacité des approches de commande envisagées.

Chapitre 1

État de l'art sur les robots mobiles

1.1 Introduction

Les robots mobiles, plus précisément les véhicules, sont destinés à évoluer de manière autonome dans des environnements fortement structurés ou libres et parfaitement connus à l'avance. En effet, il est crucial que le véhicule sache se déplacer de manière autonome. C'est pourquoi nous nous intéressons à l'étude de la trajectoire du véhicule mais, pour ce type de système, la précision du suivi de cette trajectoire doit être la première condition à obtenir.

Dans ce premier chapitre, nous exposons le contexte général dans lequel s'inscrit ce travail de mastère. Nous allons décrire brièvement l'état de l'art de la robotique mobile, nous évoquerons ensuite les différentes architectures de commande des robots mobiles et nous finirons par poser la problématique à laquelle nous envisageons d'apporter une contribution.

1.2 Généralités sur la robotique mobile

Un système de locomotion terrestre a pour finalité le déplacement d'un corps grâce à la génération de forces à partir des phénomènes de résistance au mouvement. Dans le cas des véhicules à roues, le mécanisme de propulsion génère des couples qui mettent ces roues en rotation [1]. Le contact roues-sol permet de convertir ces couples actionneurs en force motrice du véhicule. Le mouvement dépend surtout du véhicule lui-même (géométrie, dynamique, frottements internes).

1.2.1 Systèmes de direction

Les systèmes robotiques à roues évoluant en milieu extérieur doivent pouvoir modifier la direction de leur mouvement, c'est-à-dire leur cap. Il existe plusieurs architectures cinématiques possibles réalisant cette fonction.

1.2.1.1 Robots mobiles de type unicycle

On désigne par unicycle un robot actionné par deux roues indépendantes et possédant un certain nombre de roues folles assurant sa stabilité. Le schéma de principe des robots de type unicycle est présenté sur la figure 1.1, où nous avons omis les roues folles qui n'interviennent pas dans la cinématique [2].

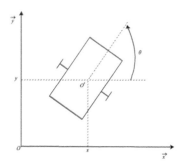

FIG. 1.1 – Robot mobile de type unicycle

1.2.1.2 Robots mobiles de type tricycle

Le cas le plus répandu du tricycle est représenté par la figure 1.2. Ce robot est constitué de deux roues fixes de même axe et d'une roue centrée orientable placée sur l'axe longitudinal du robot. Le mouvement est conféré au robot par deux actions : la vitesse longitudinale et l'orientation de la roue folle. De ce point de vue, il est donc très proche d'une voiture. Exemples du robot de type tricycle :

– Hilare, LAAS-CNRS, Toulouse, 1997.
– Khepera II, K-team, EPFL, Lausanne, 2002.

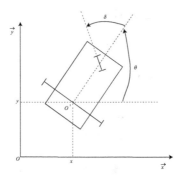

FIG. 1.2 – Robot mobile de type tricycle

1.2.1.3 Robot de type voiture

Par rapport à l'unicycle, le modèle de la voiture s'obtient en incluant les contraintes cinématiques associées aux roues avant directrices. Ces contraintes reviennent à considérer deux contraintes relatives à une seule roue directrice (virtuelle), d'orientation définie par un angle de braquage δ.

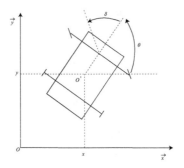

FIG. 1.3 – Robot mobile de type voiture

1.3   Architectures de commande de robots mobiles

1.3.1   Les système purement délibératifs

L'approche délibérative utilise une modélisation de l'environement, connue a priori ou obtenue à partir des données capteurs, pour planifier à l'avance les commandes à exécuter. Ceci conduit à une décomposition séquentielle du traitement réalisé et à des systèmes fortement hiérarchiques.

Ces systèmes s'appuient sur les techniques de l'intelligence artificielle classique. Elles s'intéressent à générer un mode de raisonnement semblable à celui de l'être humain. Le traitement est décomposé en une série d'opération successive décrites par la figure 1.4. Cette approche est connue par la structure S.M.P.A (Sense, Model, Plan, Act) [3]. Le point

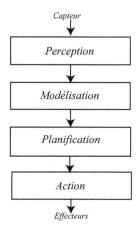

FIG. 1.4 – Architecture délibérative

fort des systèmes délibératifs est leur capacité à prendre en compte des raisonnements de haut niveau lors de la phase de planification. Ils peuvent donc diriger des missions complexes enchaînant plusieurs buts consécutifs. Toutefois, l'utilisation de cette approche semble limitée au niveau des robots évoluant dans des environnements statiques et dont la structure est fortement contrainte et connue a priori.

1.3.2 Les systèmes purement réactifs

L'approche réactive se base sur un bouclage étroit entre les capteurs et les actionneurs. Cette méthode va généralement de pair avec une décomposition sous forme de comportement élémentaire réalisant, chacun en parallèle, une fonction simple.

Cette approche est différente de la précédente, elle décompose le système en sous systèmes

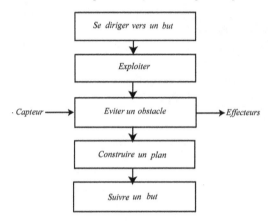

FIG. 1.5 – Architecture comportementale

suivant le comportement désiré qui est la réaction à avoir face aux stimuli extérieurs. En effet, la fonction de décision est réduite à son strict minimum, si bien que l'action suit presque immédiatement la perception, comme un réflexe. Chaque sous-système a accès aux capteurs et aux effecteurs mais possède un comportement élémentaire spécifique qui est soumis à plusieurs niveaux hiérarchisés de telle sorte qu'un comportement dominant puisse être prioritaire sur un comportement dominé dont il inhibe les entrées et sorties [4].

1.3.3 Les systèmes hybrides

L'approche hybride tente de combiner les deux approches précédentes afin de profiter des avantages de chaque technique. Elle représente aujourd'hui la grande majorité des systèmes étudiés. Les architectures de commande hybrides peuvent être classées en trois catégories principales :

- La première correspond à des systèmes délibératifs, sur les couches basses desquels ont été greffés des mécanismes réactifs.

- La deuxième regroupe des architectures pour lesquelles l'aspect réactif est prédominant.
- La dernière classe présente les travaux les plus récents qui s'orientent vers des architectures à trois niveaux incluant une interface entre les composantes délibératives et réactives du système.

1.4 Navigation autonome des robots mobiles

Différencions tout d'abord les systèmes dits automatiques des systèmes dits autonomes. En effet, un systèmes autonome est capable d'agir sur sa trajectoire en fonction de l'environnement, tandis que les systèmes automatiques sont ceux qui évoluent dans des environnements prévisibles [5, 6].

Pour exécuter une tâche de navigation autonome, un robot mobile doit posséder un certain nombre de fonctionnalités, que nous détaillons ici.

1.4.1 Planification de mouvement

En robotique, on appelle planification de mouvement ce problème particulier du calcul préalable du mouvement à accomplir. C'est un problème fondamental qui a fait et continue de faire l'objet de nombreux travaux de recherche.

Planifier un mouvement consiste à calculer le mouvement que doit effectuer le robot pour atteindre un objectif [7, 8].

1.4.2 Localisation

Afin d'exécuter le mouvement planifié, le robot doit se localiser dans l'environnement. L'estimation de la position absolue du robot dans un environnement ne peut être traitée indépendamment de la construction d'une carte de l'environnement.

1.4.3 Suivi de trajectoire

Le suivi de trajectoire consiste à calculer les commandes des actionneurs du système qui permettent de réaliser le mouvement planifié. Un robot étant considéré comme un système dynamique, on utilise généralement des méthodes de commande par retour d'état pour asservir le système à une trajectoire de référence [9].

1.4.4 Evitement d'obstacles

Le problème de l'évitement d'obstacles fixes peut-être résolu en utilisant les méthodes de planification. De manière générale, ce problème est formulé de la façon suivante : on considère un espace de travail W dans lequel se déplacent plusieurs robots mobiles, l'objectif est d'éviter les collisions entre les robots ou avec les obstacles [10].

1.4.5 Parking

Le parking est la phase finale de navigation autonome. Le parking est en général un mouvement fortement contraint et nécessite une grande précision, il occupe une place particulière pour deux raisons :

– la manœuvre de parking est en général un mouvement fortement contraint et qui necessite une grande précision

– l'objectif d'une mission de navigation est souvent d'atteindre une configuration finale spécifiée. Le succès de cette mission dépend de la réalisation de cet objectif.

Par ailleurs, le parking s'effectue généralement à des éléments de l'environnement, et des méthodes de mouvement référencé sur des amers doivent être utilisées [9].

1.5 Contexe et problématique

Les robots mobiles à roues ont fait l'objet de nombreux travaux : conception mécanique, systèmes de vision et de localisation, suivi du déplacement, et commande proprement dite. L'élaboration de cette dernière pose en effet de grandes difficultés : un véhicule à roues est un système intrinsèquement non linéaire et non holonome de part sa cinématique et ses caractéristiques dynamiques (actionneurs, moteurs à courant continu). De plus, il peut être soumis à de nombreuse perturbations. La commande d'un tel système est donc un problème qui, pour être résolu de façon satisfaisante, doit prendre en compte ses non-linéarités, sa non holonomie ainsi que les perturbations.

Plusieurs travaux de recherches sont en cours de développement dans le but de contrôler des véhicules et d'obtenir des séquences de mouvement sécurisés et réguliers tout en tenant en compte des contraintes particulières au type de robot.

L'objectif de cette partie de ce mémoire consiste à développer des outils efficaces permettant de réaliser la tâche de suivi de trajectoires.

1.6 Modélisation

La diversité et la complexité des systèmes de locomotion en robotique est une source de développements important pour l'Automatique, qui nous amène à modéliser le comportement de ce type de système. En effet, la modélisation consiste à déterminer la structure des équations mathématiques permettant de représenter un système. Bien sûr , il n'existe pas de méthodes systématiques pour modéliser les véhicules autonomes. En général apparaissent des paramètres comme les masses, les inerties et les frottements. Il est donc nécessaire de procéder à une étape d'identification des paramètres du système.

1.6.1 Modélisation cinématique

Le modèle cinématique est, littéralement, un modèle des vitesses. Il exprime les relations entre les vitesses de chaque roue [11]. Chaque variation élémentaire de la valeur de la vitesse de rotation implique une variation de position du véhicule.

1.6.1.1 Contraintes cinématiques

Dans cette partie, nous allons nous focaliser sur le problème du mouvement du robot mobile qui est soumis à des contraintes cinématiques, cela veut dire que le dispositif ne peut pas se déplacer en translation ou en rotation librement dans son espace opérationnel. Ces contraintes qui influent sur les mouvements d'un robot mobile sont appelées contraintes cinématiques. Il existe deux type de contraintes : holonomie et non holonomie.

On suppose que pour un mouvement d'un robot mobile, on applique des contraintes de la forme

$$F(q,t) = F(q_1, q_2, ..., q_n, t) \begin{bmatrix} = \\ \leq \\ \geq \end{bmatrix} 0 \qquad (1.1)$$

avec q appartenant à l'espace des configurations du robot et où t dénote le temps. Une relation de la forme 1.1 constitue une contrainte holonome d'égalité ou d'inégalité selon le cas. Lorsque F est différentiable et de dérivée non nulle, une contrainte holonome d'égalité de la forme 1.1 définit un ensemble de configurations de dimension $n-1$. Dans le cas d'une contrainte holonome d'égalité, l'ensemble des configurations admissible pour ce robot est un sous-ensemble d'espace de configurations.

La contrainte de non-holonomie résulte de la contrainte de roulement sans glissement des roues qui fait objet du problème des robots mobiles.

1.6.1.2   Roulement sans glissement

La locomotion à l'aide de roues exploite la friction au contact entre roue et sol. Pour cela, la nature du contact dispose d'une forte influence sur les propriétés du mouvement relatif à la roue par rapport au sol [2, 12]. Mathématiquement, on considère une roue verticale, qui roule sans glisser sur un sol plan. Le repère est lié à la roue et le roulement sans glissement se traduit par la vitesse nulle du point de la roue en contact avec le sol [13], ce qui conduit aux équations 1.2 :

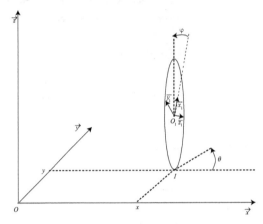

FIG. 1.6 – Roulement sans glissment d'une roue

$$\begin{cases} \vec{v}(I/R_o) = 0 \\ = \dot{x}\,\vec{x} + \dot{y}\,\vec{y} + (\dot{\theta}\,\vec{z} + \dot{\varphi}(-\sin\theta\,\vec{x} + \cos\theta\,\vec{y}))\Lambda(-r\,\vec{z}) \\ = (\dot{x} - r\dot{\varphi}\cos\theta)\,\vec{x} + (\dot{y} - r\dot{\varphi}\sin\theta)\,\vec{y} \end{cases} \qquad (1.2)$$

où r est le rayon de la roue , O_1 est le centre de celle-ci, (x,y) les coordonnée du point O_1, $R_0 = (O, \vec{x}, \vec{y}, \vec{z})$ le repère fixe et R_1 le repère attaché à la roue.

D'après les équations précédentes, on déduit les contraintes suivantes :

$$\begin{cases} \dot{x} - r\dot{\varphi}\cos\theta = 0 \\ \dot{y} - r\dot{\varphi}\sin\theta = 0 \end{cases} \qquad (1.3)$$

On peut réécrire ces deux équations d'une autre manière :

$$\begin{cases} \dot{y}\cos\theta - \dot{x}\sin\theta = 0 \\ \dot{y}\sin\theta - \dot{x}\cos\theta = r\dot{\varphi} \end{cases} \qquad (1.4)$$

Ce système d'équations représente les deux propriétés suivantes :

Propriété 1 : le vecteur de vitesse du centre de la roue est parallèle au plan de la roue.

Propriété 2 : l'intensité de la vitesse du centre de la roue est $\dot{\varphi}r$.

Formellement, un robot est dit non holonome lorsque son mouvement est soumis à des contraintes s'exprimant par des relations non intégrable entre les composantes du vecteur d'état et ses dérivées [12, 14]. Plus précisément, dans notre cas d'étude, la contrainte cinématique correspondant à un roulement sans glissement se traduit par le fait que la vitesse du robot est tangente à l'axe du robot.

1.6.2   Modèle géométrique du robot

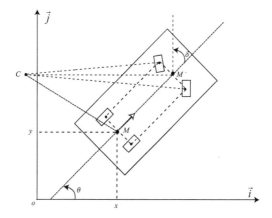

FIG. 1.7 – Un robot de type voiture

On considère un robot mobile, noté A, de type voiture se déplaçant sur un terrain plat et horizontal. Ce terrain, appelé espace de travail et noté W, est une partie fermée et bornée de l'espace affine de dimension 2, il est modélisé par un compact de $\mathbb{R}^2$, le robot A est un corps rigide représenté par une région polygonale de W. Il est naturel de considérer que le conducteur contrôle l'accélération linéaire des roues ainsi que la vitesse angulaire de celles-ci. Un vecteur d'état du véhicule est alors défini par $(x, y, \theta, v, \delta)$ où x et y sont les coordonnées du milieu de l'essieu arrière pris comme point de référence du robot , θ détermine la direction du robot, v représente sa vitesse linéaire et δ l'angle que font les roues avant avec l'axe.

La vitesse linéaire diffère selon les points du robot et les deux roues avant ne déterminent pas le même angle avec l'axe du robot. Formellement, M désigne le milieu de l'essieu arrière, M' désigne le milieu de l'essieu avant et C le centre de rotation instantanée de M, et u_1 et u_2 représentent les valeurs de l'accélération linéaire des roues et de la vitesse angulaire des roues directrice par rapport aux roues du véhicule. La modélisation des robots mobiles de type véhicule est très complexe et surtout l'étude du contact robot-sol qui reste pour le moment un problème très ouvert [15]. Pour simplifier, considérons que les deux roues avant tournent à la même vitesse. D'après la règle de composition des vitesses, nous avons :

$$v_{M'} = v_M + \overrightarrow{MM'} \wedge \overrightarrow{\omega} \tag{1.5}$$

où $\overrightarrow{\omega}$ est le vecteur de rotation instantanée de la voiture. Dans le repère de la voiture, cette équation s'écrit :

$$\begin{pmatrix} v\cos\delta \\ v\sin\delta \\ 0 \end{pmatrix} = \begin{pmatrix} v_M \\ 0 \\ 0 \end{pmatrix} + \begin{pmatrix} -L \\ 0 \\ 0 \end{pmatrix} \wedge \begin{pmatrix} 0 \\ 0 \\ \dot{\theta} \end{pmatrix} \tag{1.6}$$

où L est la distance entre l'essieu arrière et avant, soit :

$$\begin{pmatrix} v\cos\delta \\ v\sin\delta \end{pmatrix} = \begin{pmatrix} v_M \\ 0 \end{pmatrix} + \begin{pmatrix} 0 \\ L\dot{\theta} \end{pmatrix} \tag{1.7}$$

Ainsi,

$$\dot{\theta} = \frac{v\sin\delta}{L} \tag{1.8}$$

et

$$\begin{cases} \dot{x} = v_M\cos\theta = v\cos\delta\cos\theta \\ \dot{y} = v_M\sin\theta = v\cos\delta\sin\theta \end{cases} \tag{1.9}$$

L'équation d'évolution de la voiture s'écrit donc

$$\begin{pmatrix} \dot{x} \\ \dot{y} \\ \dot{\theta} \\ \dot{v} \\ \dot{\delta} \end{pmatrix} = \begin{pmatrix} v\cos\delta\cos\theta \\ v\cos\delta\sin\theta \\ v\frac{\sin\delta}{L} \\ u_1 \\ u_2 \end{pmatrix} \tag{1.10}$$

La contrainte cinématique correspond à un roulement sans glissement et se traduit par le fait que la vitesse du robot est tangente à l'axe du robot, c'est-à-dire :

$$\dot{y}\cos\theta - \dot{x}\sin\theta = 0 \tag{1.11}$$

Un robot satisfait une autre contrainte liée au fait que l'angle de braquage est généralement limitée mécaniquement : $|\delta| \leq \delta_{max}$ modélise bien une voiture, ce qui traduit par la relation [16] :

$$\dot{x}^2 + \dot{y}^2 - \left(\frac{L}{\tan \delta_{max}}\right)^2 \dot{\theta}^2 \geq 0 \qquad (1.12)$$

Cette contrainte est non holonome, elle a pour effet de borner le rayon de gyration du véhicule.

1.7 Représentation graphique de la voiture

Dans ce paragraphe, nous donnons quelque notions graphiques programmées sous MATLAB. L'objectif est d'élaborer une fonction qui dessine la voiture dans un état donné et d'utiliser par la suite cette fonction pour représenter l'évolution du système selon une trajectoire.

1.7.1 Notion de motif

Un motif est une matrice à deux ou trois lignes et n colonnes qui représentent les n sommets d'un polygone indéformable, en fait l'union de tous les segments formés par deux points consécutifs du motif forme toutes les arêtes du polygone que l'on souhaite représenter. Pour réaliser ce motif nous choisissons la matrice suivante

$$\begin{pmatrix} -1 & 4 & 5 & 5 & 4 & -1 & -1 & 0 & 0 & -1 & 1 & 0 & 0 & -1 & 1 & 0 & 0 & 3 & 3 & 3 \\ -2 & -2 & -1 & 1 & 2 & 2 & -2 & -2 & -3 & -3 & -3 & -3 & 3 & 3 & 3 & 3 & 2 & 2 & 3 & -3 \end{pmatrix}$$
$$(1.13)$$

1.7.2 Coordonnées homogènes

Le dessin d'objets bidimensionnels ou tridimensionnels sur un écran nécessite une suite de transformations telles que la rotation, la translation et l'homothétie représentées par une équation de la forme

$$y = Ax + b \qquad (1.14)$$

où A et b sont des matrices constantes. En fait l'idée de la transformation en coordonnées homogènes est de transformer un système d'équations affines en système linéaires. Remarquons que le système 1.14 peut se réécrire sous la forme :

$$\begin{pmatrix} y \\ 1 \end{pmatrix} = \begin{pmatrix} A & b \\ 0 & 1 \end{pmatrix} \begin{pmatrix} x \\ 1 \end{pmatrix} \tag{1.15}$$

Pour le dessin de la voiture, il nous faut tout d'abord prendre le motif (voir équation 1.11 et le rendre homogène, en lui rajoutant une ligne de 1. La matrice obtenue est donnée par

$$\begin{pmatrix} -1 & 4 & 5 & 5 & 4 & -1 & -1 & 0 & 0 & -1 & 1 & 0 & 0 & -1 & 1 & 0 & 0 & 3 & 3 & 3 \\ -2 & -2 & -1 & 1 & 2 & 2 & -2 & -2 & -3 & -3 & -3 & -3 & 3 & 3 & 3 & 3 & 2 & 2 & 3 & -3 \\ 1 & 1 & 1 & 1 & 1 & 1 & 1 & 1 & 1 & 1 & 1 & 1 & 1 & 1 & 1 & 1 & 1 & 1 & 1 & 1 \end{pmatrix} \tag{1.16}$$

Ce qui nous donne la représentation de la figure 1.8 La figure (1.5) montre que le robot

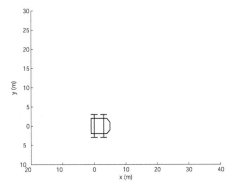

FIG. 1.8 – Dessin de la voiture

à l'état initial a comme configuration $(0,0,0,7,0)^t$ c'est-à-dire qu'à l'instant 0, la voiture est centrée à l'origine, avec un angle de braquage nul, sa vitesse est de $7\ ms^{-1}$ et les roues avant sont parallèles à l'axe de la voiture. Le vecteur de commande $u(t)$ reste constant et égale à $(0, 0.2)^t$ ce qui signifie que la voiture n'accélère pas (car $u_1 = 0$) et que le volant tourne à une vitesse constante de $0.2\ rad.s^{-1}$ (car $u_2 = 0.2$).

1.8   Problème de commandabilité

Pour qu'un robot mobile, en particulier une voiture, soit utile il faut en premier lieu
s'assurer de sa commandabilité, c'est à dire déterminer s'il existe une commande u qui
amène le système d'un état initial t_0 à un état final t_f.

Pour les systèmes non-holonomes, le linéarisé en un point d'équilibre n'est jamais commandable mais la condition de rang de l'algèbre de Lie en un point est une condition suffisante de commandabilité locale du modèle cinématique (et aussi une condition nécessaire
lorsque les champs associé sont analytiques) [17].

La modélisation cinématique conduit à l'étude de systèmes critiques, du type $\dot{x} = B(x)u$ [18],
il s'agit d'une représentation non linéaire sans terme de dérivée, en comparaison de la
représentation d'état classique d'un système non linéaire invariant $\dot{x} = Ax + Bu$.

Pour caractériser la commandabilité d'un système non linéaire, on peut tout d'abord se
demander si son linéarisé autour de tout point d'équilibre est commandable en x_0, le
modèle linéarisé s'écrit : $\dot{x} = b(x_0)u$ avec $b(x_0) \in \mathbb{R}^n$.

La condition de rang (critère de commandabilité de Kalman) est la suivante :

Rang $(A, B, \ldots A^{n-1}B) = n$, cette condition se résume à Rang $B(x_0) = n$ qui n'est jamais
remplie puisque $m < n$ [19].

Il faut alors, pour statuer sur la commandabilité du système, utiliser le théorème de Chow :
on considère le système dynamique représenté par la forme générale :

$$\dot{q} = \sum\nolimits_{i=1}^{m} b_i(q)u_i \qquad (1.17)$$

avec $q \in Q$, où Q est une variété différentielle de dimension n.

et $B(q) = (b_1(q), b_2(q), \ldots b_m(q))$ la matrice du modèle cinématique de dimension $n \times m$

On note Lie $[A, B] = AB - BA$

- Si Lie $(b_1, b_2, \ldots, b_m)(q_0) = \mathbb{R}^n$, le système est localement commandable au voisinage de
q_0.

- Si Lie $(b_1, b_2, \ldots, b_m)(q_0) = \mathbb{R}^n$, pour tout q_0 et si Q est connexe, le système est globalement
commandable sur Q . Si on peut l'exprimer autrement, un robot mobile est commandable
si les colonnes de $B(x)$ et leur crochet de Lie successifs forment un ensemble de n colonnes
indépendantes [20].

1.8.1 Application à l'étude de la commandabilité du véhicule

Pour le robot schématisé sur la figure 1.9, on introduit la notion de roue directrice centrale, cette roue virtuelle pour le robot de type voiture correspond à la roue directrice du robot de type tricycle [18].

Cette roue virtuelle permet de simplifier les équations en tenant compte du mécanisme de couplage des roues directrice servant à respecter les contraintes de glissement. Le modèle

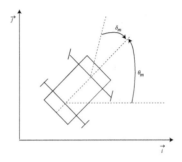

FIG. 1.9 – Variables de configuration de la voiture

cinématique est donné par :

$$\begin{cases} \dot{x}_m = u_1 \cos \theta_m \\ \dot{y}_m = u_1 \sin \theta_m \\ \dot{\theta}_m = u_1 \tan \delta_m \\ \dot{\delta}_m = u_\delta \end{cases} \qquad (1.18)$$

La variable u_1 correspond à la vitesse longitudinale du corp du robot et u_δ correspond à la vitesse angulaire.

Il est facile de vérifier l'hypothèse de commandabilité par un changement de variable donné par :

$$\delta_m \to \varphi_m := \frac{\tan \delta_m}{L} \qquad (1.19)$$

ainsi la nouvelle variable de commande devient $u_2 = \frac{\delta_m}{L \cos^2 \delta_m}$

En posant $g_m = (x_m, y_m, \theta_m, \varphi_m)$ Le système devient :

$$\dot{g}_m = \sum_{i=1}^{2} u_i X_i(g_m) \qquad (1.20)$$

On a $X_1(g_m) = (\cos \theta_m, \sin \theta_m, \varphi_m, 0)^t$ et $X_2(g_m) = (0, 0, 0, 1)^t$

Il suffit pour cela de calculer les crochet de Lie : $[X_1, X_2](g) = (0, 0, -1, 0)^t$ et $[X_1, [X_1, X_2]](g) =$

$(-\sin\theta_m, \cos\theta_m, 0, 0)^t$

En appliquons le théorème 1.17, l'espace engendré en tout point par $X_1(g)$, $X_2(g)$, $[X_1, X_2](g)$ et $[X_1, [X_1, X_2](g)$ est $\mathbb{R}^4$ donc le système 1.18 satisfait la propriété de commandabilité [18].

1.9   Commande linéaire des systèmes non linéaires

Dans cette partie, nous allons tout d'abord montrer comment linéariser un système non linéaire autour d'un point donné de l'espace d'état, ensuite nous allons appliquer cette méthode pour la conduite de notre voiture.

1.9.1   Linéarisation autour d'un point de fonctionnement

Considérons le système décrit par ses équations d'état :

$$S : \begin{cases} \dot{x} = f(x, u) \\ y = g(x, u) \end{cases} \tag{1.21}$$

où x est de dimension n, u est de dimension m et y est de dimension p. Posons

$$\begin{cases} z = \begin{pmatrix} x \\ u \end{pmatrix} \\ h(x, u) = \begin{pmatrix} f(x, u) \\ g(x, u) \end{pmatrix} \end{cases} \tag{1.22}$$

La fonction $h(x, u)$ sera appelée la fonction d'évolution. Autour du point $\bar{z} = (\bar{x}, \bar{u})$, nous avons $h(z) \simeq h(\bar{z}) + \frac{dh}{dz}(\bar{z})(z - \bar{z})$ avec

$$\frac{dh}{dz}(\bar{z}) = \begin{pmatrix} \frac{\partial h_1}{\partial z_1}(\bar{z}) & \frac{\partial h_1}{\partial z_2}(\bar{z}) & . \\ \frac{\partial h_2}{\partial z_1}(\bar{z}) & \frac{\partial h_2}{\partial z_2}(\bar{z}) & . \\ . & . & . \\ . & . & . \\ . & . & . \end{pmatrix} \tag{1.23}$$

Cette matrice jacobienne peut se mettre sous la forme

$$\frac{dh}{dz}(\bar{z}) = \begin{pmatrix} A & B \\ C & D \end{pmatrix} \tag{1.24}$$

où A, B, C, D sont respectivement de dimension $n \times n$, $n \times m$, $p \times n$, $p \times m$. Notons que cette définition pour les matrices A, B, C, D est équivalente à la suivante

$$\left\{ \begin{array}{l} A = \frac{\partial f}{\partial x}\left(\overline{x}, \overline{u}\right), B = \frac{\partial f}{\partial u}\left(\overline{x}, \overline{u}\right) \\ C = \frac{\partial g}{\partial x}\left(\overline{x}, \overline{u}\right), D = \frac{\partial g}{\partial u}\left(\overline{x}, \overline{u}\right) \end{array} \right. \tag{1.25}$$

1.9.2 Application

La commande des systèmes non holonomes est loin d'être facile car il arrive que le système soit commandable (comme les robots à roues) alors que son linéarisé ne l'est pas. A travers ce paragraphe, nous allons traiter le cas d'une voiture qui roule avec une vitesse constante. Dans ce cas, nous intéressons à la position relative de la voiture par rapport

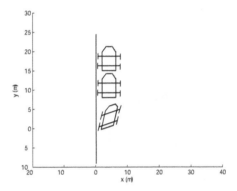

FIG. 1.10 – Voiture se déplaçant le long d'une route

au bord de la route et notre modèle doit posséder quatre variables d'états : x, θ, v, δ.

Ce modèle doit posséder les mêmes entrées et sorties que le système réel, à savoir deux entrées (l'accélération des roues avant et la vitesse angulaire du volant) et trois sorties (la distance d du milieu de l'essieu arrière au bord de la route, la vitesse v des roues avant, et l'angle du volant).

En s'aidant de la modélisation faite au paragraphe 1.18, on obtient pour notre modèle, les équations d'état suivantes :

$$\begin{cases} \begin{pmatrix} \dot{x} \\ \dot{\theta} \\ \dot{v} \\ \dot{\delta} \end{pmatrix} = \begin{pmatrix} -v\cos\delta\cos\theta \\ \frac{v\sin\delta}{L} \\ u1 \\ u2 \end{pmatrix} \\ \\ y = \begin{pmatrix} \frac{x}{\sin\theta} \\ v \\ \delta \end{pmatrix} \end{cases} \tag{1.26}$$

Choisissons par exemple le point de fonctionnement $\overline{x} = (5, \frac{\pi}{2}, 7, 0)$, $\overline{u} = (0, 0)$, ce qui donne les matrices du système linéarisé :

$$A = \begin{pmatrix} 0 & 7 & 0 & 0 \\ 0 & 0 & 0 & \frac{7}{3} \\ 0 & 0 & 0 & 0 \\ 0 & 0 & 0 & 0 \end{pmatrix}, B = \begin{pmatrix} 0 & 0 \\ 0 & 0 \\ 1 & 0 \\ 1 & 0 \\ 0 & 1 \end{pmatrix}$$

$$C = \begin{pmatrix} 1 & 0 & 0 & 0 \\ 0 & 0 & 1 & 0 \\ 0 & 0 & 0 & 1 \end{pmatrix}, D = \begin{pmatrix} 0 & 0 \\ 0 & 0 \\ 0 & 0 \end{pmatrix} \tag{1.27}$$

Après avoir déterminer la matrice de consigne, on peut déterminer un régulateur de ce modèle de voiture qui a été conçu pour un modèle idéalisé de notre voiture mais qui ne correspond pas exactement à notre système réel. Rappelons que notre voiture est un système d'ordre 5 alors que sa version idéalisée utilisée par le régulateur est d'ordre 4, donc nous cherchons à proposer un régulateur non linéaire développé dans le chapitre 2 qui offre une méthodologie générale non limitée au voisinage d'un point de l'espace.

1.10 Planification de trajectoires

Un problème important en robotique mobile est la planification de trajectoire permettant au robot d'atteindre une position particulière à partir de sa position actuelle. La trajectoire représente l'ensemble des points par lesquels passe un point particulier du robot, au cours de son mouvement de sa position initiale à sa position finale [7]. Le choix et la construction de cette trajectoire sont appelés planification de trajectoire [21]. Il existe différentes méthodes de planification de trajectoire, certaine sont plus particulièrement utilisées dans le cas d'environnements à la forme complexe.

1.10.1 Planification sous contraintes cinématiques

En général, le nombre de trajectoires possibles entre deux positions quelconques est limité par les contraintes cinématiques du robot (pour certaines mobile, par exemple, la rotation est obligatoirement dépendante d'une translation). La cinématique des robots à roues ne permet pas de suivre une trajectoire quelconque. Cela provient du fait que le nombre de variable définissant les configuration du robot est inférieur au nombre de degré de liberté [22]. Le terme configuration désigne la position du robot mobile (deux ou trois coordonnées suivant que le robot se déplace dans le plan ou dans l'espace) et son orientation par rapport au référentiel de l'environnement (un ou trois angles). Ce genre de robot n'est pas capable de réaliser tous les types de trajectoire. C'est le cas d'un véhicule automobile forcé d'exécuter un créneau pour se garer qui est représebtées sue la figure 1.11.

En plus de la non-holonomie, le robot est affecté d'une contrainte supplémentaire : la

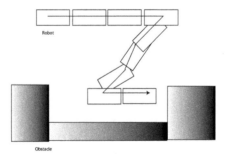

FIG. 1.11 – Exécution d'un créneau pour un véhicule non-holonome

trajectoire doit avoir un rayon de courbure minimum. Ceci est dû au fait que certains robots ne peuvent pas effectuer de rotation sur place, ou qu'une variation brutale des vitesses pour effectuer un arc de cercle de faible rayon est lié à la mécanique et à la précision du mouvement [23].

1.10.2   Choix d'une trajectoire pour un véhicule

La trajectoire utilisée pour notre travail est une trajectoire lisse, c'est à dire qu'elle doit satisfaire aux critères [24, 25] :
- La trajectoire est continue ;
- la trajectoire est dérivable et ne comprend pas donc de point anguleux ;
- les accélérations en translation et en rotation sont bornées.

La continuité de la trajectoire est une condition évidente. Si la condition de dérivabilité n'est pas respectée et que la trajectoire comporte des points anguleux, le robot est soumis à des variations brusques de vitesse, qui peuvent provoquer le glissement des roues. C'est pour cette même raison que les accélération sont bornées. La figure 1.12 montre un exemple d'une trajectoire lisse possible pour un robot mobile de type véhicule en espace libre [26].

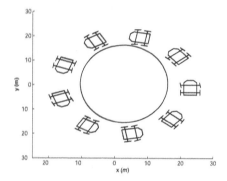

FIG. 1.12 – Déplacement du robot selon une trajectoire en cercle

1.11   Généralités sur les systèmes embarqués

La conception des véhicules automatisés à roues est un grand domaine de recherche. Ces véhicules sont souvent utilisés dans l'industrie comme moyen de transport. Les travaux présentés dans le deuxième chapitre vont dans le sens de la conception de l'architecture matérielle sur laquelle un système de commande embarqué peut être implanté.
Un système embarqué peut être défini comme un système électronique et informatique

autonome, qui est dédié à une tâche bien précise disposant de ressources généralement limitées, en interaction permanente avec son environnement [27].

1.11.1   Caractéristiques d'un système embarqué

Les systèmes embarqués sont des machines qui doivent fonctionner sans erreur pour assurer un bon fonctionnement. Ce type de systèmes doit être fiable car il s'agit d'assurer des tâches critiques. Les autres aspects caractérisant les systèmes embarqués qui permettent de vérifier leur efficacité en fonction de leur consommation, taille, poids et surtout le nombre d'algorithmes implémentés [28].

1.11.2   Architectures de systèmes embarqués

Un système embarqué possède la structure représentée sur la figure 1.12. Le dispositif de l'unité de traitement est l'élément central du système embarqué, il possède trois structures différentes :
- Les composants programmables : microprocesseur, microcontrôleur, DSP, ... qui implémentent la partie logicielle du système.
- Les composants ASIC (Application Specific Integrated Circuits), qui implémentent les blocs spécifiques et les périphériques du système.
- Les composants reconfigurables, tels que les FPGA, réunissent la performance du matériel et la flexibilité du logiciel.

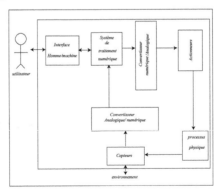

FIG. 1.13 – Structure générale d'un système embarqué

1.12 Conclusion

Au cours de ce chapitre, nous avons présentés les types de modélisation d'un robot mobile à savoir le modèle géométrique et le modèle cinématique. Nous avons spécifiés dans ce contexte les contraintes cinématiques de non-holonomie qui a une influence sur le choix de la trajectoire. Nous avons également abordé le problème de la commandabilité du robot considéré comme un système non linéaire, ainsi que certains aspets realtifs au suivi de trajectoire. Nous avons ensuite cités quelques généralités sur les systèmes de commande embarqués.

Le chapitre suivant met au point la méthode de linéarisation exacte et nous proposons ainsi différent types de commandes et leur implémentation sur une cible embarquée.

Chapitre 2

Synthèse de lois de commande pour la conduite d'un véhicule autonome

2.1 Introduction

La commande des processus dynamiques joue un rôle très important pour la conduite des procédés industriels.

Il existe plusieurs difficultés dans la conception et l'implémentation de lois de commande. Parmi ces problèmes rencontrés on trouve les incertitudes de la modélisation et bien sûr, les non linéarités.

Notre objectif est de construire un véhicule mobile permettant l'évaluation des performances de lois de commande obtenues à partir de la partie théorique. Le robot doit être capable de mémoriser ces lois pour garantir l'autonomie.

Ce chapitre est composé de deux parties. La première est orientée vers l'étude théorique et la création de méthodes de génération de lois de commandes. La seconde partie est consacrée à l'implémentation pratique, c'est-à-dire la réalisation d'une carte de commande après des simulations de programmes sous Matlab qui vont être implémentés sur le robot.

2.2 Outils choisis pour la commande

La théorie de la commande, bien que représentant un des grands chapitres de l'Automatique, ne peut pas être seulement une partie importante dans cette discipline. Son emploi en sciences de l'ingénieur, montre qu'elle constitue une discipline à part. Son premier intérêt est de manipuler les entrées $u(t)$ d'un système de manière à asservir les sorties

$y(t)$ à une trajectoire de référence $y_r(t)$ En fait, il s'agit d'un problème d'inversion. Si

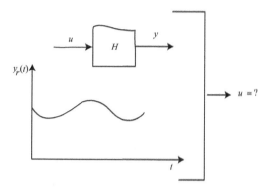

FIG. 2.1 – Inversion d'un modèle

on considère le système $y = Hu$ où H est un opérateur de transfert, le calcul de modèle inverse H^{-1} nous permet de calculer l'entrée $u_r = H^{-1}y_r$. Comme nous avons vu que notre robot est un système qui possède plusieurs entrées et sorties (MIMO), l'inversion de ce type de système est basée sur un retour qui transforme ce dernier en un système linéaire facile à commander, contrairement à l'approche de linéarisation approchée qui offre une méthodologie générale mais limitée au voisinage d'un point de l'espace d'état car elle néglige les termes d'ordre supérieur à 1 [29].

La méthode d'inversion d'un système non linéaire permet de transformer ce dernier en un système linéaire, constitué d'une chaîne d'intégrateur pour chaque sortie [30].

2.2.1   Principe de la linéarisation exacte d'un système

La linéarisation par bouclage est un sujet aujourd'hui très en vogue car elle est appliquée en robotique [31], surtout pour résoudre le problème de planification de trajectoires. Considérons un système MIMO à m entrées et m sorties dont le degré propre est n (c'est à dire n variable d'état), décrit par l'équation 2.1 :

$$\begin{cases} \dot{x} = f(x) + g(x)u \\ y = h(x) \end{cases} \tag{2.1}$$

L'idée de la linéarisation par bouclage est de boucler le système par une commande du type $u = r(x, V)$, où V est une nouvelle entrée, aussi de dimension m.

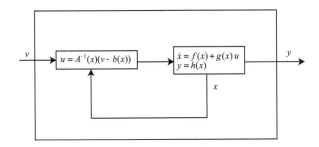

FIG. 2.2 – Linéarisation par bouclage

Pour effectuer ce bouclage, il nous faut exprimer les dérivées successives de chacun des y_i en fonction de l'état et de l'entrée.

$$\begin{pmatrix} y_1^{(k_1)} \\ . \\ . \\ . \\ y_m^{k_m} \end{pmatrix} = A(x)u + b(x) \tag{2.2}$$

où k_i désigne le nombre de fois qu'il nous faut dériver y_i pour y voir apparaître une entrée. Cette approche fut généralisée par R.W. Brockett [32, 33] pour les lois de bouclage de la forme $u = A^{-1}(x)(V - b(x))$ avec $A(x)$ matrice carrée inversible pour tout x.

2.2.2 Application à la linéarisation de la voiture

Afin d'éviter d'avoir une matrice $A(x)$ singulière [34], choisissons pour sortie le centre de la roue avant dont les cordonnées sont données par :

$$Y = \begin{pmatrix} x + L\cos(\theta) \\ y + L\sin(\theta) \end{pmatrix} \tag{2.3}$$

Nous avons :

$$\dot{Y}_1 = \dot{x} - L\dot{\theta}\sin(\theta) = v\cos(\delta)\cos(\theta) - Lv\frac{\sin(\delta)}{L}\sin(\theta) \tag{2.4}$$

et

$$\dot{Y}_2 = \dot{y} + L\dot{\theta}\cos(\theta) = v\cos(\delta)\sin(\theta) + Lv\frac{\sin(\delta)}{L}\cos(\theta) \tag{2.5}$$

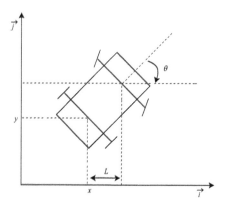

FIG. 2.3 – Le robot dans le plan cartésien

En redérivant

$$\ddot{Y}_1 = \dot{v}\cos\delta\cos\theta - v\dot{\delta}\sin\delta\cos\theta - v\cos\delta\dot{\theta}\sin\theta - \dot{v}\sin\delta\sin\theta - v\dot{\delta}\cos\delta\sin\theta - v\sin\delta\dot{\theta}\cos\theta$$
$$(2.6)$$

et

$$\ddot{Y}_2 = \dot{v}\cos\delta\sin\theta - v\dot{\delta}\sin\delta\sin\theta + v\cos\delta\dot{\theta}\cos\theta + \dot{v}\sin\delta\cos\theta + v\dot{\delta}\cos\delta\cos\theta - v\sin\delta\dot{\theta}\sin\theta$$
$$(2.7)$$

on trouve

$$\begin{pmatrix} \ddot{y}_1 \\ \ddot{y}_2 \end{pmatrix} = \begin{pmatrix} \cos\delta\cos\theta - \sin\delta\sin\theta & -v\sin\delta\cos\theta - v\cos\delta\sin\theta \\ \cos\delta\sin\theta + \sin\delta\cos\theta & -v\sin\delta\sin\theta + v\cos\delta\cos\theta \end{pmatrix} \begin{pmatrix} u_1 \\ u_2 \end{pmatrix}$$
$$+ v^2\sin\delta \begin{pmatrix} -\cos\delta\sin\theta - \sin\delta\cos\theta \\ \cos\delta\cos\theta - \sin\delta\sin\theta \end{pmatrix}$$
$$(2.8)$$

En posant :

$$A(x) = \begin{pmatrix} \cos\delta\cos\theta - \sin\delta\sin\theta & -v\sin\delta\cos\theta - v\cos\delta\sin\theta \\ \cos\delta\sin\theta + \sin\delta\cos\theta & -v\sin\delta\sin\theta + v\cos\delta\cos\theta \end{pmatrix}$$
$$(2.9)$$

et

$$b(x) = v^2\sin(\delta) \begin{pmatrix} -\cos\delta\sin\theta - \sin\delta\cos\theta \\ \cos\delta\cos\theta - \sin\delta\sin\theta \end{pmatrix}$$
$$(2.10)$$

la commande linéarisante est donc $u = A^{-1}(x)(V - b(x))$

2.2.3 Inconvénient de la méthode

Cette méthode présente certains inconvénients, à savoir :

– Instabilité : le modèle est formé de deux chaînes d'intégrateurs. Un système de ce type est instable. Il est donc nécessaire d'effectuer une régulation supplémentaire destinée à stabiliser le système linéarisé, ce qui constitue l'un des objectifs de notre travail, présenté dans ce chapitre.

– Singularité : les robots équipés de plusieurs roues commandées en orientation et en rotation présentent une difficulté de singularité [35] car la matrice intervenant dans le bouclage peut ne pas être inversible. L'ensemble de valeurs telles que $det(A(x)) = 0$ sont appelées singularités. L'étude des singularités est fondamentale car, même si elles sont de mesure nulle dans l'espace d'état, elles peuvent parfois être impossibles à éviter.

– Non respect des contraintes : les lois de commandes u_1 et u_2 doivent respecter certaines contraintes. L'inconvénient majeur du modèle linéarisé par régulation est qu'une fois la trajectoire désirée fixée, les lois de commandes u_1 et u_2 peuvent ne pas respecter ces contraintes. Nous sommes donc tenus de choisir soigneusement nos trajectoires pour que les lois de commande produites respectent cette contrainte.

Cette tâche constitue un problème complexe et pour cette raison nous allons étudier des méthodes basées sur des systèmes régulé permettant d'obtenir des trajectoires respectant des contraintes.

2.3 Synthèse de lois de commande

Nous envisageons dans cette partie de déterminer des lois de commande permettant de piloter efficacement un robot mobile. En effet, il faut pouvoir asservir le système de manière à réaliser les mouvements désirés, tout en tenant compte de la variabilité et de l'incertitude. Généralement, ces lois de commande sont posées en termes de régulation à zéro d'une erreur entre la situation du véhicule et une situation définie a priori par la trajectoire. En outre, les lois de commande généralement nécessitent la reconstruction de l'état du robot en se basant sur les informations sensorielles.

2.3.1   Régulateur proportionnel et dérivées

Comme nous l'avons montré précédemment, la linéarisation par bouclage nous ramène à un système formé de plusieurs chaines d'intégrateurs découplées entre elles c'est-à-dire dans lequel chaque entrée agit sur chaque sortie. Il est donc très facile de commander un tel système par des techniques classiques de la théorie de la commande linéaire.

On se propose de stabiliser le système par un régulateur proportionnel et dérivées du type [34] :

$$u = \alpha_0 \left(w - y\right) + \alpha_1 \left(\dot{w} - \dot{y}\right) - \cdots + \alpha_{n-1} \left(w^{(n-1)} - y^{(n-1)}\right) + w^n \qquad (2.11)$$

où $\alpha_0, \alpha_1, ..., \alpha_{n-1}$ représentent les coefficient du régulateur PD à déterminer, w la consigne et y la sortie associé du système. Rappelons que la commande linéarisante est

$$u = A^{-1}(x)(v - b(x) \qquad (2.12)$$

On a

$$\begin{pmatrix} \ddot{y}_1 \\ \ddot{y}_2 \end{pmatrix} = \begin{pmatrix} V_1 \\ V_2 \end{pmatrix} \qquad (2.13)$$

si on considère (w_1, w_2) qui représentent la consigne pour y , cette commande s'exprime par :

$$\begin{cases} V_1 = \alpha_0(w_1 - y_1) + \alpha_1(\dot{w}_1 - \dot{y}_1) + \ddot{w}_1 \\ V_2 = \beta_0(w_2 - y_2) + \beta_1(\dot{w}_2 - \dot{y}_2) + \ddot{w}_2 \end{cases} \qquad (2.14)$$

Pour réaliser cette régulation, nous avons utilisés la méthode de placement de pôles. Si on souhaite avoir pour pôle que des (-1) pour garantir la stabilité, on trouve

$$\begin{cases} s^2 + \alpha_1 s + \alpha_0 = (s+1)^2 \\ s^2 + \beta_1 s + \beta_0 = (s+1)^2 \end{cases} \qquad (2.15)$$

ce qui donne : $\alpha_1 = \beta_1 = 2$ et $\alpha_0 = \beta_0 = 1$, la commande est donnée par :

$$u = A^{-1}(x)((w - \begin{pmatrix} x + L\cos\theta \\ y + L\sin\theta \end{pmatrix} + 2(\dot{w} - \begin{pmatrix} v\cos\delta\sin\theta - v\sin\delta\sin\theta \\ v\cos\delta\sin\theta - v\sin\delta\cos\theta \end{pmatrix})) + \ddot{w}) - b(x)$$

$$(2.16)$$

Les résultats de simulation numérique, issus de l'implémentation du correcteur PD, sont présentés et discutés dans la section suivante.

2.3.1.1 Résultats de simulation pour une droite

Dans le cas de la structure de commande PD proposée, nous avons choisi une trajectoire de type droite donnée par la figure 2.4.

L'implémentation sous l'environnement MATLAB/Simulink de cette structure de commande a abouti aux résultats donnés par les figures 2.5, 2.8, 2.9, 2.10, 2.11. Les résultats obtenus sont satisfaisants en terme précision et rapidité. En effet l'erreur de poursuite en x et y du robot, illustrée par les figures 2.6 et 2.8 est faibles. L'angle de braquage du robot, donnée par la figure 2.11, est nul en régime permanent, ce qui justifie le suivi de trajectoire de référence de type droite. De même l'angle de direction demeure constant. La rapidité de réponse en vitesse du robot asservi peut être observée sur la figure 2.9. Un

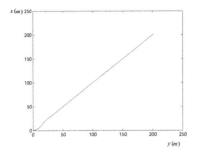
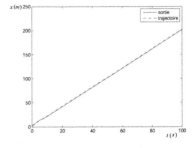

FIG. 2.4 – Suivi d'une droite   FIG. 2.5 – Position du robot en x

dépassement plus ou moins important est toutefois enregistré, résultant de démarrage du robot, dont il faut tenir compte lors de la synthèse de la loi de commande à implémenter.

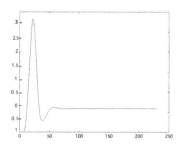

FIG. 2.6 – Erreur de suivi en x

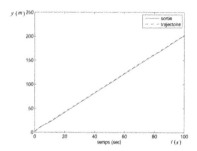

FIG. 2.7 – Postion du robot en y

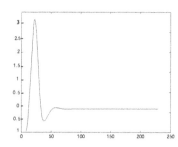

FIG. 2.8 – Erreur de suivi en y

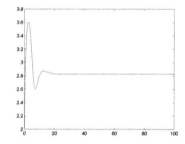

FIG. 2.9 – Vitesse du robot

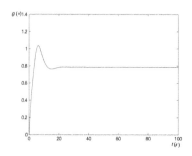

FIG. 2.10 – Angle de direction

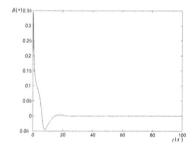

FIG. 2.11 – Angle de braquage

2.3.1.2 Résultats de simulation pour une cycloïde

Nous considérons la nouvelle trajectoire désirée, de type cycloïde , comme illustrée par la figure 2.12, nous avons pris l'origine du repère O(0,0) comme une position initiale du robot

Cette trajectoire est choisie dans le but de considérer des mouvement, plus complexes par rapport au cas précédent.

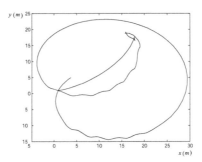

FIG. 2.12 – Suivi d'une cycloïde

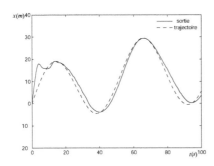

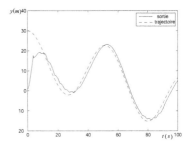

FIG. 2.13 – Position du robot en x FIG. 2.14 – Position du robot en y

2.3.2   Commande par logique floue du robot

A l'inverse des méthodes traditionnelles de commande et de contrôle qui utilisent les modèles mathématique de systèmes pour concevoir un régulateur adéquat, la logique floue est très efficace pour la commande non conventionnelle des robots mobiles autonome [36, 37, 38, 39]. C'est un outil mathématique puissant qui peut être utilisé lorsque le système est difficile à modéliser et que les connaissances humaine experte sont disponibles [40] donc gain de temps et d'espace mémoire, ce qui donne une rapidité considérable à ses moteurs d'inférence par apport aux méthodes classiques [41, 42, 43, 44].

2.3.2.1   Conception d'un régulateur par logique floue

Un système de commande par logique floue est ainsi proposé par la figure2.15. En plus de

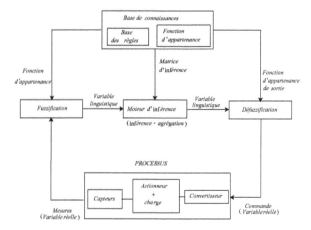

FIG. 2.15 – Synoptique d'un système de commande par logique floue

la fuzzification, le mécanisme d'inférence et la défuzzification, nous distinguons le bloc dit base de connaissances. Cet élément du régulateur contient des règles d'inférence de type si (condition) alors (opération). La base des règles établie permet de lier les variables de sortie, grandeurs de mesure, avec les variables de sortie, grandeurs de commande [45, 46, 47]. Toutefois, ce bloc, d'existence virtuelle, sera complété par les fonctions d'appartenance associées aux variables d'entrée-sortie du contrôleur. D'autre part, le bloc de fuzzification transforme les grandeurs réelles mise en jeu du processus en des grandeurs linguistiques pouvant être manipulées par le mécanisme d'inférences. Suivant la méthode d'inférence adoptée [48], l'agrégation des résultats partiels de différentes règles fournit la commande à appliquer au processus mais sous la forme d'ensembles flous. Ici, intervient le rôle du bloc de défuzzification assurant le passage à la grandeur sous forme numérique.

2.3.2.2 Fuzzification et fonctions d'appartenance

Il s'agit du traitement des grandeurs d'entrée-sortie et leur transformation en variables linguistiques avec la définition, sur l'univers de discours, des ensembles floues appelés également prédicats ou classes d'appartenance, puis les représenter par des fonctions d'appartenances associées. Le plus souvent, il sera affecté à chaque variable floue trois, cinq ou sept prédicats dont une désignation standard est donnée par un tableau de règles.
Le nombre choisi des ces ensembles flous dépend de la résolution et des performances de réglage que nous désirons obtenir [49]. D'un autre côté et pour la représentation de ces prédicats, plusieurs formes de fonctions d'appartenance peuvent être retenue, dont celles de forme triangulaire et trapézoïdale.

2.3.2.3 Base de règles

De même, le choix des règles d'inférence reflète le savoir acquis par l'opérateur humain qui manipule le processus à commander. Leur formulation joue un rôle crucial dans la caractérisation statique et dynamique du régulateur. Un système de règles floues permet de décrire, sous forme de règles linguistique, une fonction de transfert entre les variables d'entrées et celles de sorties d'un système [50]. Il est ainsi possible de modéliser un tel processus en prenant en compte l'imprécision du modèle mathématique considéré. La stratégie à adopter pour établir une base de règles, capable d'assurer la meilleure description.

2.3.2.4 Inférence et défuzzification de la variable de sortie

Généralement et tout en adoptant la structure à deux entrées et une seule sortie du régulateur par logique floue de type MAMDANI, une règle d'inférence R_i s'écrit sous la forme suivante :
$R_i : Si\ (\ e(t)\ est\ A_i\ )\ ET\ (\ \Delta e(t)\ est\ B_i\ )\ Alors\ (\ \Delta u(t)\ est\ C_i\ ),\ i = 1...N$
dans laquelle R_i représente la i-ème règle floue, N est le nombre total des règles tandis que A_i, B_i et C_i Représentent respectivement les valeurs linguistiques des entées et de la

sortie. En tant qu'une interface produisant un nouvel ensemble flou, le moteur d'inférence fournit un résultat pour chaque règle sous la forme d'une fonction d'appartenance partielle $\mu_{R_i}(\Delta u(t))$, il s'agit de la phase d'inférence. Il est alors nécessaire de rassembler ces résultats partiels afin d'obtenir une conclusion finale sous forme d'un ensemble flou. Une telle phase s'appelle l'agrégation des résultats partiels [51, 52], elle donne la fonction d'appartenance résultante $\mu_{RES}(\Delta u(t))$. Toutefois, un tel mécanisme fonctionne en adoptant l'une des méthodes d'inférence illustrée dans [48]. La défuzzification de variable de sortie $\Delta u(t)$ du régulateur par logique floue est la procédure donnant la grandeur réelle sous forme d'une valeur numérique, et non pas linguistique. Pour la défuzzification controïde, la grandeur de commande peut être menée en calculant l'abscisse du centre de gravité de la fonction d'appartenance résultante $\mu_{RES}(\Delta u(t))$.

2.3.3 Application à la commande du robot

L'application se résume en l'implémentation d'un régulateur basé sur la logique floue. La position et l'orientation actuelles du robot sont calculées par les modules de capteurs illustré sur la figure 2.16 Le contrôleur par logique flou (FLC) utilise deux entrées (erreur

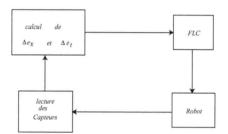

FIG. 2.16 – Organigramme de la commande floue

de position E_{pos} et l'erreur de l'angle de robot E_{Ang} et deux sorties (la vitesse de translation $\overrightarrow{V_m}$ et l'angle de braquage δ_m) nécessaire pour atteindre une position désirée comme illustré sur la figure 2.17. L'erreur de l'angle est calculée en soustrayant l'angle final, de l'orientation courante du robot et de la même façon que l'on calcule l'erreur de position. Soit (x,y,θ) la position et l'orientation initiale du véhicule et (x_B, y_B, θ_B) les cordonnées du but à atteindre. Les expressions de ces grandeurs est données par les équations 2.17 :

$$\begin{cases} D_x = x_B - x \\ D_y = y_b - y \\ E_{pos} = (D_x{}^2 + D_y{}^2)^{\frac{1}{2}} \\ E_{Ang} = \theta_B - \theta \end{cases} \tag{2.17}$$

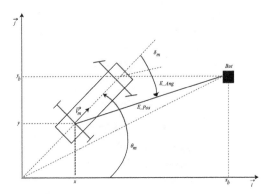

FIG. 2.17 – le robot dans le plan cartésien

2.3.3.1   Fonctions d'appartenance

Le choix des fonctions d'appartenance représente une tâche très difficile. Elle nécessite du temps, de l'expérience et de l'habileté de la part de l'exprimentateur et pour cette raison nous avons utilisé des fonctions d'appartenance de type triangulaires et singletons grâce à leurs simplicités et leurs rapidités à l'exécution par rapport aux fonctions d'appartenance de type gaussiennes.

Les fonctions d'appartenance sont représentées dans les figures 2.18, 2.19, 2.20, 2.21 avec :

Z : Zéro   P : Petite   F :Faible

M : Moyenne   G : Grand   TG :très grande

NG : Négativegrande   NM : Négative Moyenne

NP : Négative Petite   PP : Positive Petite

PM : Positive Moyenne   PG : Positive Grande.

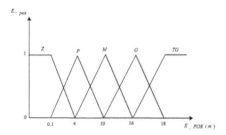

FIG. 2.18 – Fonction d'appartenance de l'erreur de position

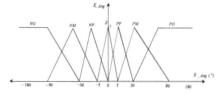

FIG. 2.19 – Fonction d'appartenance de l'erreur angulaire

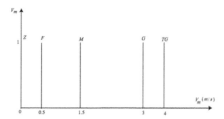

FIG. 2.20 – Variable de sortie : vitesse de translation du robot

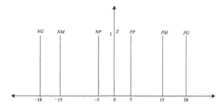

FIG. 2.21 – Variable de sortie : angle de braquage des roues

2.3.3.2   La base de règle

La table des règles floues Situation/Action, proposée dans la table Régles floues, est construite manuellement. Le mode d'utilisation de cette table est illustré par cet exemple : Si l'erreur de position est petite (P) et l'erreur de l'angle est nulle (Z), alors le but est tout droit mais à une petite distance et pour cette raison, le véhicule doit avancer avec une vitesse V_m faible (F) sans changer de direction.

	PM	PP	Z	Z	Z	NP	NM
V	Z	Z	Z	Z	Z	Z	Z
δ_m	PG	PG	PM	Z	NM	NG	NG
V	F	F	F	F	F	F	F
δ_m	PM	PM	PP	Z	NM	NG	NG
V	F	F	M	M	M	F	F
δ_m	PM	PP	PP	Z	NP	NP	NM
V	F	M	G	G	G	M	F
δ_m	PM	PM	PP	Z	NP	NM	NM
V	F	M	G	TG	G	M	F

TAB. 2.1 – Règles floues

2.3.3.3   Simulation

Nous avons pris l'origine du repère $O(x = Om, y = Om, \theta = 0)$ comme une position initiale du robot.

Les résultats de simulations pour le but $(x_b = 15m, y_b = 10m)$ sont donnés par les figures 2.22, 2.23, 2.24 et les résultats de simulations pour le but $(x_b = -10m, y_b = -10m)$ sont donnés par les figures 2.25, 2.26, 2.27. Plus on sera loin du but, plus le potentiel sur la position sera fort, donc le robot cherche à rapprocher et plus on sera près du but, plus l'orientation est prépondérante, donc le robot va essayer de s'orienter.

Nous remarquons que le régulateur flou est très correct en simulation puisqu'il assure la stabilité du système, autrement dit les variables de commande (vitesse de translation et angle de braquage) sont bornées.

Ces variables progressent jusqu'à saturer, puis elles diminuent et s'annulent lorsque le but est atteint.

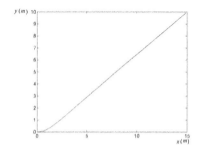

FIG. 2.22 – Trajectoire du robot

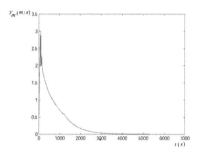

FIG. 2.23 – Vitesse de translation du robot

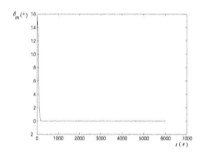

FIG. 2.24 – Angle de braquage du robot

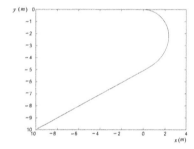

FIG. 2.25 – Trajectoire du robot

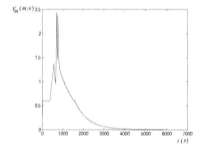

FIG. 2.26 – Vitesse de translation du robot

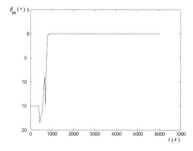

FIG. 2.27 – Angle de braquage du robot

Concernant l'angle de braquage, la distribution des sous-ensembles flous pour l'erreur angulaire a une bonne influence sur cette commande à condition qu'il ne dépasse l'intervalle $[-180, 180]$. Pour la vitesse, l'allure est similaire pour tous les tests. La vitesse évolue rapidement au démarrage grâce aux retards introduits par les actionneurs du robot et s'annule lorsque le but est atteint.

En effet, pour les figures 2.26, 2.23 le robot mène vers la position désirées avec une précision très appréciable, mais le problème est posé si l'erreur de position est grande.

Pour améliorer nos résultats, nous proposons une solution : il suffit d'ajouter une troisième entrée (erreur de vitesse) ce qui permet de contrôler la vitesse en plus de la position.

2.4 Conception et implémentation matérielle

2.4.1 Introduction

La conception d'un système embarqué est une tâche difficile qui comprend des étapes de la réalisation de carte de commande, le choix d'un moteur et d'un variateur de vitesse,.... Ces étapes sont exigées pour plusieurs applications industrielles, en l'occurrence dans la robotique, et bien évidemment pour assurer un faible coût de production, une bonne qualité et régularité de produit face à la demande du marché. Nos travaux à travers cette partie vont être orientés dans le sens pratique, en d'autre terme, nous allons essayer de concevoir et d'implanter sur une cible programmable les algorithmes numériques déjà développés.

L'un des buts de la robotique réside en la création de robots autonomes. Les robots sont des systèmes mécaniques équipés de capteurs, d'actionneur et d'un système de contrôle permettant d'agir sur les actionneurs en fonction d'une part, de la tâche à accomplir, et d'une part, des informations données par les capteurs adoptés, et d'étudier l'apport de solution d'intégration matérielle.

2.4.2 Description matérielle du système de commande proposé

Le schéma synoptique de la figure 2.28 est composé de deux cartes électronique : une carte de commande à base de microcontrôleur et une carte de puissance implémentant un pont en H.

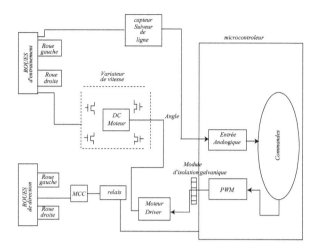

FIG. 2.28 – Architecture du véhicule

2.4.2.1 Carte de commande

Notre carte est composée d'un microcontrôleur qui se dispose d'une architecture matérielle capable de satisfaire aux exigences et aux spécifications de la commande numérique qui nous désirons implanter. Notre carte de commande est équipée d'un microcontrôleur PIC 16F876. C'est un microcontrôleur de la compagnie Microchip en faisant partie de la famille Mid-Range, en plus, ce type de microcontrôleur peut fonctionner avec des fréquences d'horloges allant jusqu'à $20MHz$ ce qui améliore les performances du calculateur numérique en terme de rapidité de traitement, sans oublier l'aspect économique qui conférera à une application réalisée autour de ce composant, un très bon rapport qualité/prix [8]. Parmi les problèmes rencontrés lors de l'implémentation d'une commande numérique sur ce type de microcontrôleur, c'est la faible quantité de mémoire vive intégrée qui limite l'ordre des algorithmes de commande [28].

2.4.2.2 Carte de puissance

Afin de commander notre véhicule, nous proposons la réalisation d'une carte de puissance qui va nous permettre de piloter, suivant la configuration, un ou plusieurs moteurs. Cette carte est essentielle car elle va nous permettre de fournir l'alimentation aux différentes parties du système.

Le réglage de la vitesse d'une machine à courant continu par la tension d'alimentation de l'induit représente la méthode la plus couramment employé, et ceci grâce à une fiabilité et une simplicité remarquable de mise au point. Ainsi, la conception et l'optimisation d'un variateur de vitesse pour un tel entraînement s'avère intéressante. En outre, ce circuit est indispensable lors de la commande ; il offre la possibilité de faire varier le fonctionnement de le moteur dans les quatre quadrants. Il s'agit d'un hacheur en pont formé par quatre transistors bipolaires.

Dans cette partie du chapitre, nous allons décrire et expliquer le fonctionnement de notre variateur de vitesse.

Généralement il existe deux types d'interrupteur : le transistor bipolaire et le transistor MOSFET, observons le tableau, qui détaille l'avantage et les inconvénients de chaque technologie. On constate que, hormis leur coût moyen, les transistors MOSFET présentent

Transistors	Commande	Puissance	Dissipation	Coût
Transistor Bipolaire	Courant	Forte	Moyenne	Faible
Transistor MOSFET	Tension	Moyenne	Faible	Moyenne

TAB. 2.2 – La différence entre les deux technologies

un avantage de point de vue de la commande. Mais cet avantage est modéré par le fait que la tension de commande d'un transistor MOSFET ne doit pas être inférieure à une dizaine de volts. Nous avons donc utilisé le transistor bipolaire qui fonctionne avec un faible courant de commande.

Le moteur étant par nature inductif, il est nécessaire de rajouter une diode de récupération (ou diode de roue libre) pour éviter la discontinuité du courant.

2.4.2.3   Interface à base d'un relais

Le relais n'est pas réellement un actionneur, il est considéré comme une interface entre deux ensemble électronique. Nous allons le décrire rapidement Lorsque on parle du relais on parle de la commande tout ou rien autrement dit le moteur (MCC) qui commande les roues de direction est alimenté avec sa tension maximale (tout) ou n'est pas alimenté (rien).

Lorsque le moteur se trouve alimenté, il faut un certains temps pour qui'il atteigne sa vitesse de rotation maximale. De la même manière, lorsqu'on ouvre le circuit de commande, le moteur continue de tourner.

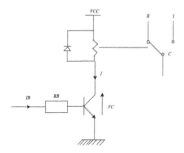

FIG. 2.29 – Commande d'un relais

Le microcontrôleur envoie des ordres de fonctionnement à l'interface de puissance constituée d'un relais. L'interface de puissance commute la puissance au moteur qui va faire bloquer les roues.

Pour faire avancer le robot, il faudra faire tourner les roues folles dans le même sens et pour la direction nous avons deux sens : droite ou gauche et le robot va prendre une décision selon l'information donnée par le capteur ainsi que nous allons l'expliquer dans le paragraphe suivant.

2.4.2.4   Choix des capteurs

Dans cette partie, nous allons expliquer la liaison entre le capteur et la carte de commande puisque les capteurs jouent un rôle très important, en permettant au robot de connaître son environnement ainsi son état interne [53]

Le choix d'un capteur suiveur de ligne est relativement simple, d'une part c'est une solution pour faire réaliser des parcours complexes de manière autonome et d'autre part son efficacité d'utilisation dans la robotique.

La trajectoire est définie par une ligne noire tracée sur une surface blanche, Le capteur utilisé dans notre travail est possède en effet deux phototransistor, et si un parmi les deux détecte la couleur noire, la véhicule est en train de dévier de la ligne et la correction se fait par une petite rotation dès qu'un des deux phototransistors infrarouges voient à nouveau la couleur blanche.

Le programme que nous allons élaborer, présenté par la figure 2.9 devra suivre les étapes, qui seront répétées jusqu'à ce que la véhicule soit mis à l'arrêt. Le microcontrôleur est relié au capteur qui calcule l'erreur actuelle de l'angle de braquage et envoie les signaux

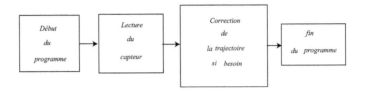

FIG. 2.30 – Algorithme de commande du véhicule

de commande nécessaire au microcontrôleur qui commande le moteur à travers l'interface de puissance. L'organigramme de la figure 2.32 montre que les évènements lus au travers

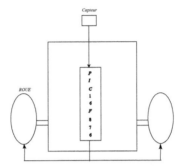

FIG. 2.31 – Relation entre capteurs et microcontrôleur

des capteurs vont forcer le programme à prendre des décisions, et en fonction des routines appliquées sur ces informations, des ordres seront transmis vers les actionneurs.

2.4.3 Méthode d'implémentation proposée

L'exploitation pratique de système de commande numérique passe par un logiciel implémentant des lois de commandes déjà développées d'où la nécessité de programmer, non seulement un algorithme de commande, mais les interfaces entrée/sortie.

L'exploitation du système de commande à base d'un microcontrôleur que nous avons proposés consiste à traduire l'algorithme en code C exécutable en temps réel.

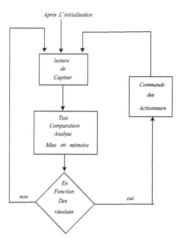

FIG. 2.32 – Principe de fonctionnement du robot

2.5 Conclusion

Au cours de ce chapitre, nous avons utilisé l'outil de linéarisation exacte qui nous amène à un système découplé facile à commander.

La première partie est consacré au contrôleur bas niveau de type proportionel et dérivé dont les actionneurs sont contrôlés en position et en orienation, ce qui asssure le suivi du trajectoire par le robot. Par la suite nous avons proposé un contrôleur supérieur (haut niveau) qui exploite la logique floue. En effet c'est un contrôleur de la position qui traduit par une commande de vitesse et d'angle de braquage qui donne des résultats satisfaisant restant à implémenter sur un système réel.

Nous nous sommes intéressés dans la deuxième partie à la conception du système de commande embraqué sur le robot de type véhicule, ce qui ouvre la voie vers sa construction et son implémentation.

Conclusion générale

Notre objectif dans ce mémoire était l'étude d'une approche de commande du robot mobile de type véhicule qui assure le suivi d'une trajectoire bien spécifique dans un environnement libre.

Nous avons mis en évidence dans un premier temps les équations qui décrivent les comportements géométriques, cinématiques et dynamiques d'un véhicule. La présence des contraintes de la non-holonomie nous ont obligés à chercher des trajectoires satisfaisant certains critères. Le caractère fondamentalement non-linéaire des systèmes traités nécessite le recours à une technique de linéarisation qui nous a amène à un système linéaire facile à commander par des commandes classiques qui assurent la stabilité et la performance.

En plus des méthodes traditionelles de commande, nous avons utilisés aussi une commnade non conventionelle (la logique floue) pour atteindre n'importe quel but sans passer par la méthode de planification et suivi de trajectoire.

Pour la réussite d'un tel algorithme de commande, nous nous sommes intéressés la question : le modèle du système est-il commandable ? Pour répondre à cette question, nous avons utilisés l'algèbre de Lie autrement dit le crochet de Lie pour vérifier la commandabilité des systèmes critiques.

Par la suite, nous avons proposé une conception d'un système de commande embarqué dans lequel nous pouvons implémenter nos lois de commande, ce qui nous permet d'ouvrir de nouvelles perspectives afin de pallier aux inconvénients rencontrés lors de ces travaux. Pour des travaux futurs :

1. Au niveau de suivi de trajectoire, nous pouvons inclure le problème d'évitement d'obstacle en considérant que l'environnement devient restreint.

2. Nous envisageons implémenter nos algorithmes dans un robot mobile réel de type voiture en tenant compte des contraintes de ce robot et de l'environnement où il se déplace.

3. Nous pouvons équiper le robot d'une caméra pour utiliser la reconaissance des obstacles dynamiques.

Bibliographie

[1] H. Rifai. *Modélisation et commande d'un robot biomimétique volant*. Thèse de Doctorat, Institut Polytechnique de Grenoble, 2008.

[2] B. Bayle. *Contribution à la commande et à la conception des systèmes de manipulation (Application en Robotique Médicale)*. Habilitation à Diriger des Recherches, Université de Strasbourg, Strasbourg, 2009.

[3] B. Thorsten and S. Drirk. Local action planning for mobile robot collision avoidance. *IEEE international conférence on intelligent robot and system*, 2002.

[4] E. Gauthier. *Utilisation des Réseaux de Neurones artificiels pour la Commande d'un Véhicule Autonome*. Thèse de Doctorat, Institut National Polytechnique de Grenoble, Grenoble, 1992.

[5] A. Lampe. *Méthodologie d'évaluation du degré d'autonomie d'un robot mobile terrestre*. Thèse de Doctorat, Institue National Polytechnique de Toulouse, 2006.

[6] L. Beji. *Autonomies des Déplacements des Véhicules Terrestres et Autonomie de Navigation des Engins Volants et Agents en Formation*. Habilitation à Diriger des Recherches, Université d'Evry Val d'Essonne, france, 2009.

[7] A. Purski. *Robotique mobile-la planification de trajectoire*. Hérmes, 1996.

[8] C. Tavenier. *Les Microcontrôleurs PIC*. DUNOD, 2001.

[9] O. Lefebvre. *Navigation autonome sans collision pour un robot mobile non holonome*. Thèse de Doctorat, Institut National Polytechnique de Toulouse, Toulouse, 2006.

[10] E. Guichi. *suivi de trajectoire d'un robot mobile non holonome :approche par modèle flou de takagi-sugeno et prise en compte des retards*. Thèse de Doctorat, Université DE Valencienne et du Hainaut Cambresis, 2010.

[11] A. Chamkhia. Approche neuronale pour la modélisation et la commande d'un robot mobile de type chaise roulante destinée pour les personnes à mobilité réduite. Master's thesis, INSAT, 2009.

[12] G. Campion, G.Bastin, and B.D'andréa-novel. *Structural properties and classification of kinematic and dynamic model of wheeled mobile robot*. IEEE transactions on Robotics and Automation, 12(1), 1996.

[13] D. Lohomme. *Commande d'un robot mobile rapide à roues non directionnelles sur sol naturel*. Thèse de Doctorat, Université Paris 6 Pierre et Marie Curie, 2008.

[14] G. Artus. *Application de l'approche par fonctions transverses à la commande de véhicule non-holonome manoeuvrant*. Thèse de Doctorat, Ecole nationale supérieure des Mines, 2005.

[15] S. Lazard. *Planification de trajectoire de robot mobile non-holonome et de robot à pattes*. Thèse de Doctorat, université Paris6, 1996.

[16] J. Latombe. Robot motion planning. *Kluwer Academic Press*, 1991.

[17] H. Sussmann and V. Jurdjevic. Controllability of nonlinear systems. *J. Diff. Equ*, 12, 1972.

[18] P. Morin. *Stabilisation de systèmes non linéaires critiques et application à la commande de véhicules*. Habilitation à Diriger des recherches, université de Nice-sophia Antipolis, 2004.

[19] J. Jacque and E. Soltine. *Applied Non Linear conrol*. The MathWorks Inc, Englewood Cliffs, New Jersey 07632, 1991.

[20] M. Mendez. *Commande référencée capteur des robots non-holonome*. PhD thesis, Ecole nationale supérieur des Mines, 2007.

[21] T. Fraichard. *Contribution à la planification de mouvement*. Habilitation à Diriger des Recherches, France, 2006.

[22] A. Kenzai. Planification de trajectoires de robot mobile via des méthodes ensemblistes. Master's thesis, Université d'Angers, 2005.

[23] N. Cardilès. *Imlémentation de la commande d'un véhicule éléctrique autonome grâce à un capteur de distance et d'angle basé sur une caméra linéaire*. Thèse de Doctorat, Université Paris 6 Pierre et Marie Curie, 2008.

[24] H. Joachim. *Contribution au pilotage et à la localisation d'un robot mobile*. Thèse de Doctorat, CRAN, 1997.

[25] Y. Kanayama, Y. Kimura, F. Miyazaki, and T. Nogushi. A stable tracking control method for an autonomous mobile robot. In *IEEE International conference on robotic, and automation Etat-Unis,1990*.

[26] E. Roche. *commande robuste d'un véhicule sous-marin autonome.* Thèse de Doctorat, Institue Nationale Polytechnique Gronoble, 2008.

[27] P. Marwedel. Embedded system design. *Springer*, 2006.

[28] J. Haggège. *Méthodologies de conception, d'optimisation et d'integration sur cibles embarquées de lois de commande numérique robuste.* Habilitation universitaire en génie electrique, Ecole Nationale d'Ingénieurs de Tunis, Tunis, 2010.

[29] A. Mokhtari and A. Benallegue. Robust feedback linearisation and gH_∞ controller for a quadrotor unmanned areall vehicule. *Journal of electrical engineering*, 57(1).

[30] J-B. Pomet. On dynamic feedback linearisation of four-dimentional affine control systems with two input. Technical report, Institue Nationale de Recherche en Informatique et en Automatique, 1995.

[31] M. Rouff. Computation of feedback laws for static linearisation of non linear dynamical systems. *Mechatronic*, 2(6), 1992.

[32] R.W. Brockett. Asymptotic stability and feedback satabilisation. *Differential Geometric Control Theory*, 1983.

[33] C. Samson. Velocity and torque feedback control-of a wheeled mobile robot, stability analysis. *International workshop on Nonlinear and Adaptative Control :Issues in Robotics, Grenoble*, 1990.

[34] L. Jaulin. *Représentation d'état pour la modélisation et la commande des systèmes.* Hermès, 2005.

[35] O. Aider. *Localisation référencée d'un robot mobile d'intérieur.* Thèse de Doctotat, Université D'Evry-Val D'Essonne, 2002.

[36] S. Hong, J. Choi, Y. Jeong, K. Jeong, M. Lee, K. Park, and N. Hur. Lateral control of autonomous vehicle by yaw rate feedback. *IEEE ISIE conference, Korea*, 2001.

[37] S. Chang and S. lie. design and implementation of fuzzy parallel-parking for a car-type mobile robot. *Journal of intelligent and robotic system, Netherlands*, 34, 2002.

[38] J. Riat and J. Aurrand. Pilotage de direction automatique par la logique floue. *Engineer Technique revue*, 1998.

[39] G. Antonelle and S. Chiaverini. Experiment of fuzzy lane following for mobile robots. *Proceeding of the 2004 American control Conference*, July 2004.

[40] F. Masmoudi. Optimisation d'algorithme flou pour la commande d'un robot mobile. *5 th international Conference : Sciences of Electronic, Technologies of Information and Telecommunication*, March 22-26, 2009.

[41] H. Surmann, J.Huser, and L.Peters. A fuzzy system for indoor mobile robot navigation. *Proc. Of the Fourth IEEE Int. Conf. On Fuzzy Systems, Yokohama, Japon*, 1995.

[42] G. Zavlangas, G. Tzafestas, and K. Althoefer. Fuzzy obstacle avoidance and navigation for omnidirectional mobile robot. *Intelligent Robotics and AUtomation Laboratory Departement of Electrical and Computer Engineering National Technical University of Athens,Aachen, Germany*, 2000.

[43] A. Martinez, E. Tunstel, and M. Jamshidi. Fuzzy logic based collision avoidance for a mobile robot. *CAD, Laboratory for Intelligent and Robotic System Departement of Electrical and Computer Engineering, University of New Mexico*, 1994.

[44] A. Fatmi, A.Yahmadi, L.Khriji, and N.Masmoudi. A fuzzy logic based navigation of a mobile robot. *International Journal of Applied Mathematics and Computer Sciences, Spring*, 2005.

[45] P. Borne, J. Rozincer, J. Dieulot, and L. Dubois. Introduction à la commande floue. *Collection Sciences et technologies, Edition Technip, Paris*, 1998.

[46] B. Meunier. La logique floue. *Presses universitaires de France, Paris*, 1993.

[47] A. Kaufman. Introduction à la logique floue. *In Techniques de l'Ingenieur-traité Informatique Industrielle,Automatique, Paris*, 1992.

[48] H. Buhler. Réglage par logique floue. *Presses polytechniques et universitaires romandes, Collection électrique, Lausanne*, 1994.

[49] M. Bouallègue. Sur un système temps réel de commande par platitude et par logique floue d'un actionneur éléctrique. Mastère ATS, Ecole Nationale d'Ingénieurs de Tunis, Tunisie, 2007.

[50] J. Riat and J. Aurrand. pilotage de direction automobile par logique floue. *In Techniques de l'Ingénieur, Traité Informatique Industrielle, Automatique, Paris*, 1993.

[51] J. Haggège. *Sur la synthèse de processus complexes par des méthodes Neuro-Floues.* Thèse de Doctorat, Ecole Nationale d'Ingénieurs de Tunis, 2003.

[52] J. Haggège and M. Benrejeb. Sur la synthèse d'un régulateur neuro-flou. *In Journées Scientifiques Franco-Tunisiennes, Monastir*, 2000.

[53] B. Bayle. Robotique mobile. Technical report, Ecole Nationale Supérieure de physique de starsbourg, 2010-2001.

[54] T. Lozano-Pérez. Spatial planning : A configuration space approach. *IEEE Transaction On Computing*, 32(2) :108–120, 1983.

[55] Y. Manai. *Contribution à la conception et la syntèse d'architectures de systèmes embarqués utilisant des plates-formes hétérogènes.* Thèse de Doctorat, Ecole Nationale d'Ingénieurs de Tunis, 2009.

[56] R. Craig. Imlementation of the pure pursuit path tracking algorithm. Technical report, Carnegie Mellon University, 1992.

[57] O. Amidi. Integrated mobile robot control. Master's thesis, Carnegie Mellon university, 1990.

[58] D. Shin, S. Shing, and W. Shi. A partitioned control scheme for mobile robot path tracking. *Proceeding of IEEE International Conference on Systems Engineering*, 1, 1991.

www.ingramcontent.com/pod-product-compliance
Lightning Source LLC
La Vergne TN
LVHW042347060326
832902LV00006B/451